U0012040

How to Be German

- in 50 Easy Steps -

德國人
不意外!?

為什麼德國人喜歡裸體、
熱愛買保險、堅持糾正他人？
剖析50個日耳曼人不正經的怪癖

前言
INTRODUCTION

「你願意搬到萊比錫（Leipzig）嗎？」

「我不知道那在哪。」我說。

「在東德。」

「喔，呃，好啊，可以。」

　　這段對話就是我搬到德國的契機。當時我人在英國劍橋，站在我爸媽家的臥房和之後將成為我老闆的人通著電話。那是二〇〇七年夏天，那年暑假異常的熱。幾週前我才剛大學畢業，也已經找到了一份非常不錯的工作。換句話說，我可以住在父母家還就學貸款。理論上這是個很好的計畫，但實務上不太可行。有人洗衣服、飯來張口的日子才過了兩週，我就已經覺得自己如同困獸，快要發瘋了。

　　我想就算電話另一頭的人對我說：「萊比錫在西伯利亞，

是一個冰冷的洞穴，沒有無線網路。」我可能還是會回：「喔，呃，好啊，可以。」

　　我一直覺得自己會出國。英國對我來說沒有家的感覺。在英國，如果你的興趣長得不是足球形狀或送上來時不是個啤酒杯，你會覺得不好意思；在英國，大家很會「喇賽」；在英國，我總覺得很難找到知心好友。

　　我知道不是每個人都有這些感覺，但至少我是這麼認為。所以我知道自己有天會離開英國，只是倒也沒想過會去德國。德國真是個我想都不會想到的國家。我大致知道德國的地理位置，以前學校也教過一點一九一八年至一九四五年間的德國歷史。

雖然我上個暑假才到歐洲當背包客，走訪了德國附近的七、八個國家，但還是沒想到要去德國，德國不在我的涉獵範圍內。

直到接到了這通電話，一時興起，無知的我就搬到了德國。德國真不錯，真的很不錯。在德國的第一年，絕對是我此生最快樂的一年。當時認識的德國朋友，人都很好，給了我很多溫暖，熱情接待我，也很幽默，我真是何德何能。

過了六年多後，其中還有幾位仍是我很好的朋友。後來我從萊比錫搬到了柏林，這兩個城市是我唯二喜歡到覺得可以稱作「家」的地方，聽起來很俗套，但真是如此。

其實這本書很容易弄巧成拙，變成一個土包子「外國

人」（Ausländer）在嘲笑德國的刻板印象。我希望不要變成這樣，我希望你可以從書裡的玩笑中，看出我對德國人和德國文化的情感。希望我在挖苦自己、挖苦英國、以及（適時地）挖苦德國文化時，比重不要失衡。德國有很多優點，也有很多值得引以為傲的東西，妙的是，愛國情操卻是個大忌。

如果你有什麼顧忌的話，讓我來幫你吧，我是榮譽德國人，我自豪。

如果你也想成為榮譽德國人，這本書的五十個小撇步應該可以幫助你。那麼，就讓我們開始吧！

目錄

CONTENTS

1　穿上室內鞋

PUT ON YOUR HOUSE SHOES

好囉，小老外（Ausländer），學習成為德國人第一天，開始。早晨你在床上醒來，身體還安穩舒適地躺在紮實的機能床墊上。現在你要好好鋪好半邊的床，你睡的應該會是張雙人床，但是床架上是兩張單人床墊併在一起，還有兩床單人棉被。這樣的夜晚聽起來少了分浪漫，但也是多了點務實，德國人的美德就是務實。不過，小心！先別急著離開腳墊，因為地板十之八九會比你預期的冷一些，可能會冷到你一大清早就休克，所以你需要室內鞋！這是德國精神不可或缺的元素。我也很想告訴你為什麼德國人這麼愛室內鞋，但我問了很多德國人，還是沒能得到一個好答案。倒也不是他們答不出來，而是因為他們的答案都太不浪漫、太合理、太務實、太無聊了。我光著腳的快樂小腦袋不知道要把這種答案存放在哪個區塊，所以就不費神記下了。

2 早餐要吃很久

EAT A LONG BREAKFAST

　　來自英國的我發現德國人如此重視廚房，感到非常驚訝。對英國人而言，廚房不過就是一個擁有特定功能的房間，就好像廁所，只是多了個冰箱。進去，完事，出來。客廳才是全家的中心。但德國人的廚房完全是另一回事。德國人最喜歡花時間泡在廚房裡。廚房是全家最實用的空間，有桌子、水、咖啡、食物、收音機，還有可以幫助矯正坐姿的椅子。

　　德國人認為如果遇上什麼麻煩事，廚房會是最安全的庇護，其實一點也不錯。德國人的早餐可不只是隨隨便便的一餐，而是豐盛的饗宴。如果是週末早晨，餐桌上所有空間都會擺滿各式各樣的肉類、乳酪、水果、果醬、抹醬還有佐料，就像是闖空門的人在找貴重物品的同時，不小心把廚房櫃上的東西全弄翻到桌上一樣。

我第一次在德國分租公寓中和大家共享德
式早餐時，因為真的吃太久而進入了所謂的
「飽呆狀態」，直到其他人用 Eszet 巧克力
片（專門用來放在麵包上的巧克力）餵食我才
讓我回過神來。

原來巧克力片可以放在麵包上！真是個大頓悟。現在我
不管吃什麼都要搭配 Eszet 巧克力片，也漸漸學會了在漫長
無盡的德國早餐時光中吃得更多、吃得更慢。

順帶一提，我所看過最無聊的遊
戲類電視節目，是英國的《碰碰大卡
車》（Touch the Truck）。節目內容

是（如果這樣也可以稱得上是內容的話）讓很多人同時手摸一台卡車，觀眾就等著看哪一名參賽者摸得最久，最後贏得卡車。有時候我覺得德式早餐就有點像這個節目，只不過把卡車換成了餐點，然後獎品換成……我其實也不太確定獎品是什麼，也許是可以在午餐之前得到最少的個人時間吧？

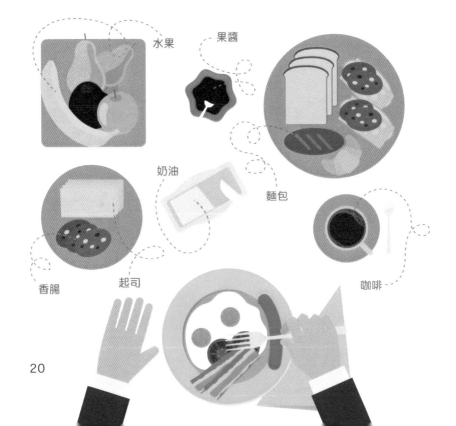

水果

果醬

奶油

麵包

香腸　　起司

咖啡

3 規劃、準備、執行

PLANNING, PREPARATION & PROCESS

截至目前都還不錯吧，瞧你，起個大早，打開收音機，想當然耳，電台正在強力放送「流行尖端樂團」（Depeche Mode）的歌，而你正一邊慢條斯理地享用著德式早餐、一邊思考人生。你這小老外適應得挺不錯的嘛！

現在我要帶你潛入德國腦。想要真正成為德國人，就要用德國人的方式思考。這是項大工程，接下來的步驟中會有更詳盡的解釋，至於現在，你得先接受德國精神中的三項鐵律——三 P，分別是：Planning（規劃）、Preparation（準備）、Process（執行）。

要當個稱職的德國人，就要預先了解各種潛在風險、把能買的保險都買起來、防患未然。你就是自己人生的頭家。務必要好好規劃、準備。做表格、畫圖表、列清單。想好每天要做的事，想想要怎樣才能把事情做得更有效率。

有沒有可能重新整理鞋櫃，把最常穿的鞋放在最上層，減少彎腰的時間？管你是不是才十七歲，如果穿個鞋要花上整整一分鐘，那就去買支鞋拔吧！優化處理程序！

隨心所欲跟預先規劃並不相牴觸。德國人當然也有放鬆的時間、玩樂的去處，但他們會先決定好時間、地點，然後寫在行事曆上。沒計畫的計畫等於混亂。坐下來規劃本日、本週，還有本月行程吧。把二〇五〇年之前的假期都預先安排好。為了方便規劃，可以考慮每次都去同一個地點。馬略卡島（Mallorca）如何？德國人都去那度假，應該會是個不錯的地方。

4 買保險

GET SOME INSURANCES

俗話說天有不測風雲，人有旦夕禍福。勇敢的小老外，在你踏入叢林，開始抓著枝條向上晃之前，先買好保險才是明智之舉。德國人想像力豐富，想當然他們對「合理保險範圍」的定義也比較瘋狂一點。

如果你認識的每個德國人都有「個人保險顧問」，其實不用太驚訝。我女友跟保險顧問連絡的頻率比我跟我媽連絡的頻率還要頻繁。如果有人發明「保險險」——預防買錯保險的保險——那麼德國八千萬人口的死因一定都會是太幸福。

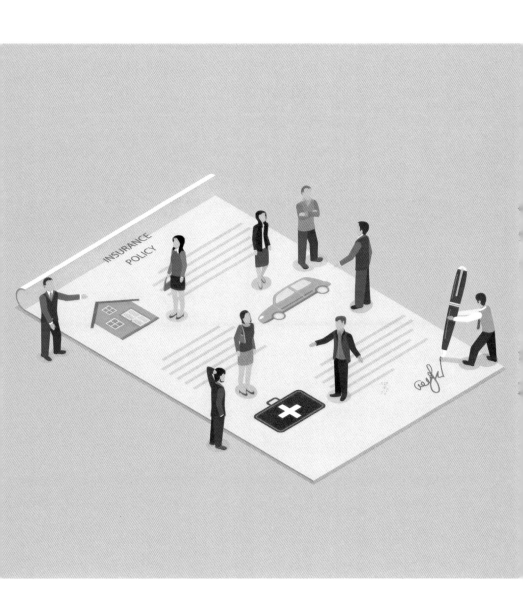

5 認真治裝

DRESS SERIOUSLY

一天的行程都規劃好了？保險也買好了？很好，幹得好！是時候脫下「Schlumperklamotten」（寬鬆的衣服），準備出門迎接嶄新的一天了。得換上合適的衣服才行。

注意，小老外，千萬注意！ 外面的世界叫做大自然。大自然瞬息萬變，可不能掉以輕心！大自然不按牌理出牌，隨時有可能變調，所以穿衣服一定要謹慎，你需要昂貴的戶外服飾——既然是要去戶外，當然要穿戶外服飾。

不論何時你都需要穿戴好能適應至少三種季節的衣物。去買幾件 Jack Wolfskin 的時髦「長短褲」吧，就是那種拉鍊拉開可以變成短褲的兩截式長褲。只要有任何一點離開人行道的可能，務必穿雙好一點的登山鞋。德國人覺得穿其他鞋都是腳踝自殺。

6 請說德語

SPEAK GERMAN

　　每個國家都有些見不得人的事、都有些黑歷史，德國人也不例外。你知道的，我就是在說德文。

　　德文基本上就是由一堆雜亂無章的例外所組成的語言，是用來捕獲外國人的陷阱──換句話說，就是把外國人困在地窖之中，不斷地用各種難解又無用的文法規則來攻擊他們。德文文法唯一的優點，就是可以鉅細靡遺地陳述誰擁有什麼，以及誰對誰做了什麼。

　　壞消息是，要完全融入德國生活，就必須學習他們的語言。理論上來說，德文並不難學。學德文分成兩部分：字彙以及文法。學字彙很有趣，很多字其實和英文很相似，畢竟這兩個語言本是同根生，

所以初學時可以進步神速，享受「Schwangerschaftsverhütungsmittel」（避孕藥）、「Haarschmuckfachgeschäft」（髮飾專賣店）、「Muckefuck」（咖啡替代飲品）和「Streicheleinheiten」（拍拍）這些詞在舌上打轉的快感。

等你累積了一定的字彙量，開始有了點自信之後，就得開始學習文法，用文法把你所學的隻字片語黏起來，組成合理的德文句子。這時你會有被騙的感覺，因為德文文法根本狗屁不通。

從語言學的角度來看，英文實在是最不檢點的語言，因為它常從其他語言借用字詞。英文總是努力想討好人，所以盡量讓自己保持簡單。我私心覺得德國人在世界爭霸遊戲中玩得沒有英國人來的成功，雖然他們已經很努力了。

英文不像德文，從歷史的角度來看，我們強制用英語來跨越英國和殖民地之間的語言隔閡（我替殖民主義向大家道

歉）。英語的稜稜角角隨著時間被磨掉了，講白一點，就是難的東西全丟掉。

英文被迫演變，德文則不需要。這就是為什麼德文保留了古英文複雜的文法結構，而英文卻一直忙著想要討好大眾。

以文法性別來說好了，古英文也有文法性別，不過這種用法已經廢棄許久，這樣大家都方便。討厭的是，德文仍存在著相當固執的文法性別，從 der、die、das 就可見一斑，重點是什麼時候該用什麼，幾乎全憑感覺。

當然還是有一些基本規則，像是可以從字尾或字詞類別來推斷文法性別，舉例來說，星期和月份全是 der，學會這點你大概就搞定百分之三十的名詞了，而另外百分之七十的名詞就要想辦法熟記，這樣變格時才不會用錯。或是你也可以不管三七二十一，自己來個德文大變化（decline，有文法變格之意，亦指拒絕）。你看我的雙關，我好幽默。總之就是這樣……。

學德文時會浪費非常多時間背文法性別（小訣竅：學名詞時要連冠詞一起學，若是先學了名詞之後再回頭補記冠詞會事倍功半）。

不知道一個名詞的文法性別，就無法正確寫出句子中名詞和形容詞的格位。是說變格真的很沒意義，而且變格也沒辦法幫助理解句義，但如果沒學好，可能就會把「ein großes Wasser」（一大杯水）說成「einer großer Wasser」（一大杯水，意思一樣但變格錯誤），會很尷尬。好嚇人，我知道。當然也有不少比德文難得多的語言，但那不是重點。

英文也有一些很蠢的地方，例如頑固的讀音拼寫不同步。然而英德文的不同之處在於，英文入門門檻低，在你越學越上口之後難度才會慢慢增加，文法規則也不複雜。德文則會把你丟包在一個陡峭的岩壁下方，丟下一句「Viel Spaß」（好好享受吧）就走人，讓你自己痛苦地慢慢往上爬。

我剛開始學德文的時候（講好聽是學，事實上根本沒有任何進展，就只是坐在那亂講德文），有個朋友好意提醒我，不少偉大的作品都是以德文寫成的。

所以，先尊重，再想辦法喜歡。

7 在英文裡加點德語風味

OUTGESOURCED, DOWNGELOADED & UPGEGRADED

　　想像你現在在十五世紀蒙古統治之下的俄羅斯。一名農夫和妻子在一條沙塵路上走著。一位騎著馬的蒙古戰士在他倆身旁停了下來，戰士對俄羅斯農夫說他要侵犯他的妻子，農夫被迫在一旁觀看。因為路上滿是沙塵，蒙古人便要農夫握著他的蛋蛋，避免沾上塵土。蒙古戰士完事後便跳上馬背揚長而去。

　　想當然耳，俄羅斯男子的妻子傷心欲絕，她坐在地上抽泣著，而她先生卻大笑了出來，開心地跳來跳去。

　　農夫的老婆震驚地問他：「發生了這種事，你還有辦法在這開心地跳來跳去？」

　　農夫說：「喔，但最後爽的人是我啊，因為現在他的蛋蛋上都是沙啊！」

每當我聽到德國人說出「upgraden」（upgrade，升級）、「getoastet」（toasted，烤）、「outgesourced」（outsourced，外包）、「downgeloaded」（downloaded，下載）這些字眼的時候，就會想到這則寓言。

　　我認識的德國人大都非常捍衛德文，彷彿德文是一隻被一大群語言學猛獅包圍卻無力飛行的小鳥，或是一顆易碎的蛋，需要小心呵護，否則便會被英語化的刮刀襲擊。

　　但是，懶惰的行銷人最愛英語化，他們想要藉著融入搞笑、外來的英文俚語，來讓產品標語和品牌故事更有異國風情。我覺得德國人會有這種恐懼非常合理。不同的語言之間總是互相借用詞彙，但是在未來，英語將會變成特別熱情的隊友，不斷把詞彙借給其他語言，卻鮮少向其他語言借用，因為英語是國際通用語嘛。

　　我親愛的、可愛的德國朋友們，當我發現你們使用「outgesourced」、「downgeloaded」等字眼的時候，心

都沉了。德文中明明有意義完全相同的單字，你們卻原封不動地直接使用英文拼法，甚至還大費周章地按照英文文法在字尾加上「ed」來改變時態，德文根本沒有這種做法。

這些字來自英文、使用英文拼法、使用英文文法，但，你們的德文忠誠卻又在此時莫名奇妙地補了臨門一腳，在字中加入了完全不必要的德文字首「ge」。

每每聽到這些字，我就會想起那位俄羅斯農夫，明明已經輸了戰爭卻還在暗自竊喜。

「喔，但最後爽的是德文呀，因為字中間夾了一個『ge』！」

8 聽小紅人的話

OBEY THE RED MAN

德國人愛守規矩——這個刻板印象時常被誇大。我想這應該可以從一個會發亮的小紅人身上看出端倪。

這個小紅人是十字路口的守護者，又稱十字路口之神。若在小紅人還閃著紅光時，公然挑戰他的公權力，躡手躡腳地踏上完全無車的馬路中央，你就是在冒險。

不過當然不是冒被車撞的險，畢竟整條路上完全空無一車。除非你被隱形車撞，不然真的是安全得很。

你必須承擔的風險是被臭罵、被噴，還有被附近的德國人吼：「不可以過！」他們馬上會覺得你是個沒有責任感、可能有自殺傾向、不遵守社會規範的人。

「不可以過！要等小綠人。」不妨把過馬路想成是在訓練自律能力，哪天等你去德國的「Ausländerbehörde」（外事處）辦事，發現辦公室竟然沒有人會說英語時，就會非常需要自律能力，避免你有失控掃射的衝動。

9 喝水的講究

DRINK APFELSAFTSCHORLE

大無畏的小老外，你真了不起！今天早上很累吧？我看你這麼努力想消化這一切，真是萬分欽佩。休息一下吧，渴了嗎？我來替你準備最德國的飲料……。

首先要知道，德國人很害怕沒有氣泡的飲料，沒氣泡的飲料會嚇出他們一身冷汗。我很喜歡看觀光客或外國人在德國購買瓶身印有「經典」（classic）字樣的水，實在太好笑，他們心想「經典水」就是盤古開天闢地後天上降下的那種水，也就是靜止不動的非碳酸水——經典瓶中裝的一定就是這種水吧？

錯！幾百萬年的水歷史就這樣被德國人遺忘了。「經典」水當然是指**氣泡水**，你別傻了。想辦法喜歡氣泡水吧，不然下次去剛認識的德國朋友家跟他們要自來水喝，就等著他們

用奇怪的眼神看著你，心想你該不會是剛出山洞的長毛原始人吧！

「Apfelsaftschorle」（蘋果蘇打）也是一樣的概念。你應該在電影裡看過心理治療師請病患描繪出一個幸福之地？當你感覺世界太大、太懾人的時候，可以前往的安全、寧靜的空間？通常是海邊、童年鄉村老家前廊上的搖椅之類的。

對德國人來說，這個幸福之地就是一池可以在裡面裸泳的蘋果蘇打湖水。忙了一整天——蓋章、填表格、讀了長達十五頁的菜單，然後出現選擇障礙——這時德國人就會點杯蘋果蘇打，躲到他們的幸福之地。這裡安穩又可靠，和氣泡水一樣，是經典中的經典。

這一個世紀以來，德國人一直對於氣泡水這個大發現以及國內眾多啤酒廠的精釀啤酒和愛爾啤酒感到相當自豪。他們覺得一切已經圓滿了，直到後來有個聰明的小伙子在氣泡水中加入了一點蘋果汁，創造出趣味度提升了百分之六的新鮮好滋味！

就這樣，蘋果氣泡水掀起了一陣狂潮。德國人措手不及，因為這滋味簡直太美妙，就像是在味蕾上開了整晚的迪斯可舞會。不過你當然是嚐不出這美妙的好滋味，因為你是外國人味覺。你會覺得，這不就是普通的蘋果蘇打嗎？不過是微幅進化的無聊氣泡水罷了。

10 飲料混搭

DRINK MIXED BEVERAGES

在 Apfelsaftschorle（蘋果蘇打）成功席捲全世——對不起，説錯了——Apfelsaftschorle 成功在德國國內造成轟動之後，德國人至今仍持續沉著冷靜地混著各種飲料。

每天應該都會有某處在開派對吧？不如調個綜合飲料帶著，以防萬一。

德國南部的「Biermischgetränke」（混有果汁的啤酒）狂熱份子，甚至會把整根香蕉加到啤酒裡。有些人覺得這樣太超過了，遠古時期畫下的瘋狂與理智的界線就這樣被跨越了。但是，德國人還沒玩完，這還只是開場暖身而已呢。人人愛喝的黑色甜湯——可樂——當然也無法倖免。

大家都說兩種重口味的甜飲不能混搭，例如可樂和芬達，這種混搭法會像廣島核彈在嘴裡爆炸，超市會暴動，大家會失控。

但是，德國人卻說不、不、不，可樂和芬達加在一起就是「Spezi」嘛！有什麼好大驚小怪！

吃德國食物

EAT GERMAN FOOD

　　遠方傳來的聲音是你的肚子在叫嗎？不要擔心，我最親愛的老外朋友，在這一章中我會盡量想辦法提起勁兒，向你介紹這個龜毛國度的美食。

　　說到德國食物，很難不提到德國香腸，這時你可能以為要被我用刻板印象轟炸，但不，我不會。德國香腸固然有其地位，但我覺得它的象徵意義遠大於實際滋味。德國香腸實在食之無味，棄之可惜。一個國家可以如此推崇這種食物，可見這個國家嚴重缺乏想像力。等你接觸到其他德國食物之後，絕對會認同我的看法。

烤豬肉

德國酸菜

德式豬肉餅

在德國，所有菜餚的主角都是肉。素食者來到德國大概就跟瞎子上動物園一樣無聊。一年當中唯一比較值得關注的就是「Spargel-Saison」（蘆筍季），此時德國會舉國歡騰，大家拿著偉大的蘆筍到處揮舞，好似手上拿的是什麼廚藝魔杖之類的（長得是很像魔杖沒錯）。

結論就是，德國菜在世界美食中的地位就像是義大利樂團艾菲爾 65（Eiffel 65）在流行樂壇中的地位一樣——存在，但基本上只是個配角。

德國肉丸

香腸配酸菜

12 跟馬鈴薯混熟

KNOW YOUR POTATOES

要當一個德國人，你的腦子裡至少得有十二道不同的馬鈴薯食譜。

說德國人缺乏想像力真是大錯特錯。他們只是集中火力把想像力，運用在某些特定的事物上，例如外出服裝、官僚體系、讓句子更加複雜的複合詞、飲料混搭，而其中最有創意的，大概就屬馬鈴薯的吃法。

大多數國家烹調馬鈴薯的方法都很簡單：馬鈴薯泥、烤馬鈴薯、水煮、油炸，還有近代流行的新鮮吃法——楔型薯塊。喔，真是太嫩了，馬鈴薯才不止這樣呢。德國人把馬鈴薯各種可能的變化都開發完了，而且好像還額外新創了一兩種吃法。

要當一個德國人，你的腦子裡不但至少得有十二道不同的馬鈴薯食譜，而且還得常常拿出來使用。在德國，馬鈴薯這道簡單料理有很多種不同的呈現形式，馬鈴薯就像是餐盤上的變色龍，會變裝補滿「Gericht」（餐盤）上剩下的空間。以下是德國常見的馬鈴薯料理（非完整清單）：

「Salzkartoffeln」（水煮小顆馬鈴薯）

「Bratkartoffeln」（炒馬鈴薯）

「Kartoffelbrei」（滑順馬鈴薯泥）

「Kartoffelpuffer」（薯餅）

「Kartoffelklöße」或「Kartoffelknödel」（馬鈴薯丸）

「Kartoffelauflauf」或「Kartoffelgratin」（焗烤馬鈴薯）

「Kartoffelsalat」（馬鈴薯沙拉）

「Kartoffelsuppe」（馬鈴薯濃湯）

「Rösti」（瑞士薯餅）

「Ofenkartoffeln」（烤薯塊）

「Kroketten」（可樂餅）

「Stampfkartoffeln」（顆粒馬鈴薯泥）

「Kartoffelecken」（楔型炸薯條）

「Pellkartoffeln」（帶皮水煮馬鈴薯）

「Pommes frites」（條狀炸薯條）

「Petersilienkartoffeln」（奶油香芹馬鈴薯）

「Rosmarinkartoffeln」（迷迭香馬鈴薯）……

　　還有很多還沒寫，但我肚子餓了，要去冰箱翻「Schupfnudeln」（馬鈴薯麵疙瘩）來吃了。你冰箱裡應該也有些什麼吧，快去吃吧！

13　馬鈴薯沙拉大賽

THE ANSWER IS TO BRING
KARTOFFELSALAT

你應該知道，俄國有個知名心理學家伊凡・巴夫洛夫（Ivan Pavlov）和他制約狗狗的實驗吧？

巴夫洛夫訓練狗狗，讓狗狗在聽見他搖小鈴的時候就自動分泌唾液。後來巴夫洛夫發現狗狗真是太容易被制約了，便開始尋找更困難的挑戰，不過這項新實驗到現在都還鮮為人知。

巴夫洛夫捨棄了鈴鐺，躍躍欲試地想以人類為實驗對象，於是設計出另一項厲害的制約實驗，只是這次實驗的範圍是全德國。巴夫洛夫期望得到的實驗結果如下：

每當德國人聽見有人說：「邀請你來參加我們的活動。」或是「來烤肉吧。」馬上就會反射性地出現「那我要做馬鈴薯沙拉！」的想法。

不用多說，如果你曾經在某個德國人聚會中，發現在場除了七個裝著馬鈴薯沙拉的保鮮盒疊在一起以外沒有什麼其他食物，你就知道這個實驗超級成功。

幾次重複實驗後

14 不浪費酵母的德國麵包

EAT GERMAN BREAD

不相信「德國人對麵包超級認真」的
人，要不就是傻子、要不就是我、要不就
是像我一樣兩者皆是。

我第一次在網路上發表「成為德國人」的小訣竅時，
完全忘了提德國麵包。我覺得德國人好像知道怎麼在電子
郵件裡面加酵母，因為我信箱裡一直有一堆憤怒的信件在
不斷發酵成長。

德國人看待麵包非常認真。從德國麵包「本人」身上，
也不難看出德國人這種嚴肅的態度。德國人完全搞不懂為什

麼英國麵包這樣又軟又白，根本是在浪費酵母，不可原諒。英國麵包簡直是拿兒童的手指畫來冒充高檔藝術品。

英國麵包確實是比較柔軟、比較親民，有時我會很掙扎，不知道是該拿它來做三明治，還是乾脆爬上去在上面睡個午覺。

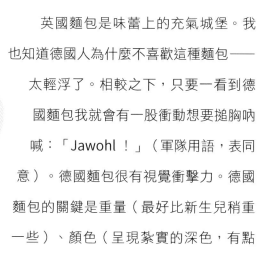

英國麵包是味蕾上的充氣城堡。我也知道德國人為什麼不喜歡這種麵包──太輕浮了。相較之下，只要一看到德國麵包我就會有一股衝動想要搥胸吶喊：「Jawohl！」（軍隊用語，表同意）。德國麵包很有視覺衝擊力。德國麵包的關鍵是重量（最好比新生兒稍重一些）、顏色（呈現紮實的深色，有點

像……呃……沼澤土的顏色）、質地（微濕潤的水泥感）。如果不小心掉到地上，感覺會碎成千千萬萬片。不過德國麵包好在營養價值豐富又很有飽足感，壞就壞在……味道很「德國」。

15 經典的用餐招呼語

MAHLZEIT!

　　眾所皆知，德文是種莫名其妙又直白的語文。舉名詞來說，奶頭的德文「Brustwarze」（胸部上的疣）聽起來實在不雅，另外還有像「Antibabypille」（抗嬰兒藥丸＝避孕藥）這種超直白的用詞；而傳情達意之詞聽起來也不像是在形容情緒，反像是在描述一台隱形車的性能：「Es läuft」（it runs，正在運行）、「Es geht」（it goes，走、運作）、「Es passt」（it fits，適合）、「Alles in Ordnung」（everything's in order，一切到位）。

　　小老外，這些都是很好的起手式，但要成為貨真價實的德國人，你得學會使用最直接卻也最令人困惑的招呼語——「Mahlzeit」！

　　Mahlzeit 可以譯為「餐」，更直譯的話就是「用餐時

間」。第一次到德國的時候，每每坐在餐廳吃飯，同事出現時都會對我説：「Mahlzeit？」

Mahlzeit？ Mahlzeit？吃飯時間？對呀，不是嗎？你都看見我在吃飯了。我正吃著我的馬鈴薯沙拉，一邊説話還一邊嚼呢！我知道現在吃午飯有點太早，但我沒吃早飯嘛，不要這麼嚴格！

後來我才發現這不是一個問句，而是一句包裝地很粗糙的廢話，就像小孩穿著父母的衣服，到處走來走去跟人打招呼一樣。為了融入，你也跟著用起了這個詞。一開始有點彆扭，但講久了其實滿有趣的，而且你會發現在德國很多地方，不管什麼時間都可以使用這句話。

你可以在凌晨四點打電話給你確定還醒著的朋友，然後對他們説「Mahlzeit？」真是好棒。

不過這種新鮮感很快就會褪去，你會開始不滿足。你會想，為什麼不能也在其他活動後面加上「-zeit」（意指時間）字尾，然後用來打招呼呢？不要只侷限在吃飯吧！但德文的直白構字法其實要看他們心情。手套是「Handschuhe」（手的鞋子）但帽子不是「Kopfschuh」（頭的鞋子）。看到有人在喝酒也不能祝他們「Trinkzeit」（喝一杯時間）。鄰居翻雲覆雨太大聲也不能去按人家門鈴然後笑笑用「Fickzeit」（愛愛時間）問候人家。拜託，只能說 Mahlzeit，懂？

16 痛恨 GEZ 和 GEMA

HATE THE GEZ & GEMA

　　吃飽了嗎？喔，德國人的話會說：「satt？」（飽了？）很好，初來乍到的小菜鳥，先別管食物了，我們接著來看看成為道地德國人需要具備的態度和特殊技能。

　　超人要對抗雷克斯·路瑟，路克天行者要對抗黑武士，蝙蝠俠要對抗小丑——歷史中也充滿了各種英雄與反派決一死戰的經典故事。德國也不例外。

　　德國人跟他們的大敵——「GEZ」和「GEMA」——陷入了一場長期奮戰。GEZ 和 GEMA 合稱為「Spaßpolizei」（fun police，意思是掃興鬼），好啦，這是我自己說的，但我還是覺得他們應該要被冠上 Spaßpolizei 的頭銜。

　　GEZ 是負責廣播電視費的機構，GEMA 則負責音樂版

權費。他們會向使用者收取授權費，然後把這些費用均分給公共電視頻道和音樂人。我知道這兩間機構起初一定立意良善，但所有的反派也都不是一開始就誤入歧途的。他們沉溺於權勢，加入了黑暗勢力，成了一個媒體巨獸，最後變成全德國人背上的一根大刺。

不用去問德國朋友對 GEMA 或 GEZ 的看法，我來幫你節省時間吧──他們對 GEMA 和 GEZ 恨之入骨。德國人認為這兩間媒體機構是身穿披風、無惡不赦的大壞蛋，從柏林「Berghain」夜店（柏林著名夜店）的天窗上爬下來，一次又一次降臨電音派對大搞破壞。

「大家都很 high 對不對？看起來都很 high 嘛！但你們這麼 high，誰來買帳呢？就説吧！你們這些小偷！」此時傳

出了一陣心懷不軌的邪惡笑聲，然後音響就被切斷了，夜店的燈也亮了起來。

夜店咖拳頭都硬了，氣得直發抖。「去你的 GEMA！」至於德國人和 GEZ（已更名為 Beitragsservice，廣播收費服務）的抗爭？這場戰爭已經結束了。如果你還不知道，德國人輸了。

自二〇一三年起，德國每戶人家都必須繳交月費給 GEZ，沒得商量。唯一的好處是，現在 GEZ 的蓋世太保來你家敲門，確認家裡是否有電視或收音機的貓抓老鼠遊戲終於可以結束了。

我女友從學生時代開始就非常害怕 GEZ。我認識她、開始會到她家過夜後，有次她要我坐下，鉅細靡遺地跟我說明，若是應門時發現門口站著 GEZ 專員，我有哪些法律上的權利。而且她老怕我忘記，每次門鈴大響她都會大喊：「小心！有可能是 GEZ！」我在德國開了公司之後，GEZ 也開始寄信

給我。最後我放棄掙扎了，開始按月從銀行轉帳給他們。不過我不敢告訴女友這件事，因為她對 GEZ 有深仇大恨，她寧可我每個月從錢包拿出 17.98 歐元燒掉，也不要我把這錢繳給 GEZ。

17　丟掉開瓶器

LEARN HOW TO OPEN A BEER BOTTLE WITH ANYTHING BUT A BOTTLE OPENER

自從大約一七三八年起，開瓶器就一直以各種不同的形式存在於世間。但德國人卻能用開瓶器以外的所有東西開啤酒瓶，唯一合理原因就是：一直到二〇一一年，開瓶器才被引進德國。

但從那時起，德國人便一直對開瓶器抱持著存疑的態度，被抓到使用開瓶器的人會被認為是女巫，然後當眾燒死。我記得看過一個一天介紹一種開啤酒瓶方法的網站，一連介紹一整年。

有人說看到這網站介紹龜殼邊緣開瓶法的時候，就知道他們已經沒哏了。德國人不需要讀這種網誌，他們早就知道所有開瓶方法了。

烏龜殼？簡單好嗎！來點不一樣的，用點想像力，拜託，可別提開瓶器喲。我看過德國人用牙齒開啤酒瓶，甚至還看過人用眼窩開。所以說，小老外，你至少得學個十種開瓶法，其中兩種必須是打火機和湯匙。至於烏龜殼見仁見智，你想學也是不反對啦！

18　有話直說

SAY WHAT YOU MEAN

　　英語不在於你說了什麼，而在於你怎麼說。德語說什麼、怎麼說都重要，但前者尤甚。所以德國人說出來的話通常都單刀直入、不含糊。可以說很無情，但溝通效率很高。

　　在英語的世界中，如果你希望某人替你做某事，不可能直接走到他面前請他替你做這件事，萬萬不可。這在英語社會中是個大忌。你得先問問對方本人、對方家人、對方孩子的健康，聊聊天氣、聊聊上週末做了哪些事、下週末有什麼計畫、最近一場電視足球轉播賽中的高潮迭起，接下來你就可以說「喔，對了」，然後開始切入正題，不過切入正題之前還得先再次強調，你是萬不得已才請對方幫忙，如果方便的話是否能給個舉手之勞，你會永遠感激在心。

　　德國人不會有這種明顯矯情的假關心，他們不拖泥帶

水。舉例來說：

「在這天之前完成這件事，Alles klar（行嗎）？」然後轉頭就走。當你開始習慣切入重點，就會發現這樣對話雖短，卻很愉快。

德國人非常明白糖衣只能用來裹蛋糕，所以才會有話直說。偶爾我也會有點自我感覺太過良好，這時我女友就會說些把我拉回現實的話，例如：「踬什麼踬，你出生的時候也跟我一樣光屁股，我們不都坐在馬桶上大便。」

19 大談性事

SPEAK FREELY ABOUT SEX

住在一個可以坦然討論性事，不用大驚小怪的社會裡還挺快樂的。嗯……怎麼說呢，聊性就像是生活中一件再正常不過的事，這在德國相當普遍，就連老摳摳的遜咖爸媽也肯定會聊性。

德國人懂性，雖然有時他們談論性事真的有點太過客觀冷靜，但這也沒什麼大不了，無需少見多怪。成人話題就和遛狗或倒垃圾一樣稀鬆平常。

裸體也乘此概念之便。尤其是德國東部的湖邊，常可看到裸體之人，這跟當地的天體文化（FKK）史有關。有次我問一名男同事，東德人到底有沒有必要看到稍微大一點的水窪就脫個精光，同事回我：「沒有跟五個最好的男性朋友一起裸泳過，就白活了！」

好啦，你這正經八百的小老外，不要再壓抑自己了，歡迎進入這個對裸體和性事特別認真的世界，我敢保證你一定會覺得自己解放了。

20 週日大放空

DO NOTHING ON SUNDAYS

想像一下以下場景：廢棄的醫院中，有人從病床上醒來。病房從內部上了鎖。這些人完全不記得自己是怎麼來到醫院的。他們頭昏腦脹，這裡一片死寂，靜的可怕。他們起身離開病房，小心翼翼地走到走廊上。沒有其他人類的蹤影，簡直就像是世界末日。

他們走到室外想探探是否有點人類的氣息，但是什麼也沒有。這些人不禁心想，也許，他們就是地表僅存的人類了。可能是致命病毒肆虐。

好安靜，太過安靜。是不是聽起來很耳熟？沒錯，僵屍片都是這麼展開的，而這也是德國一般的週日光景，至少在天主教區或是郊區是如此。在週日，連洗車都會被視作褻瀆「Sonntagsruhe」（安息日）。

所以週日行程請清空，這天你啥事都不能幹。好好休息或去爬個山吧，雖然這兩個選項感覺有點互相抵觸。不過話說回來，凡事總有例外。在週日有一項活動是你非從事不可的：放鬆。

21 收看《犯罪現場》

WATCH TATORT

　　我在德國住的第一間「WG」（合租公寓）內有一台架在滑板上的電視，平常都收在櫃子裡。電視一週只會被推出來一次，用來收看一部叫做《犯罪現場》（Tatort）的影集。我室友會約朋友來家裡，我們會把電視推到廚房，還會精心準備餐點與大家分享，接著沉默便會籠罩整間公寓。週日的《犯罪現場》儀式要開始了。

　　如果你有膽問德國人：「《犯罪現場》真的好看嗎？」應該會得到頗有趣的答案。你應該會想，德國人對這部劇這麼狂熱，在家看、在酒吧也看，一定是真的很愛。但他們通常不會回你好看。他們會一臉訝異，好像從來沒被人問過這個問題，也從來沒思考過這個問題一樣。這就跟問他們：「你相信地心引力嗎？」是一樣的。

接著他們八九不離十會告訴你《犯罪現場》究竟好看不好看，一點都不重要。每個文化都有其根深蒂固的傳統。對德國人來說，這個傳統就是週日收看《犯罪現場》，所以你也必須遵守傳統。滿心期待地看劇吧，不要再問了，沒得商量。

《明鏡》
上找不到就不是真相

IT IS NOT TRUE UNTIL YOU'VE
READ IT AT SPIEGEL ONLINE

住在德國，你會發現德國人不輕信八卦與謠言。他們對經過審核的科學期刊上的文章比較有興趣。八卦是低等生物在讀的。

德國人讀的文章的開頭一定要是「學者指出」或是「研究證實」。不過，有個例外叫做《明鏡》電子報（Spiegel Online）。我在德國上班的第一天，走進辦公室時，每個人的電腦螢幕上都是紅紅黑黑的《明鏡》網站，誇張到第一週我一直以為那是公司的內部網站。

後來我才知道那是《明鏡》——把一切化作真相之園地——不是因為明鏡的報導品質有多好，而是這個網站的觸角深及德國的每個角落。好像所有德國人都讀《明鏡》。

午餐時間我同事會在廚房聊自己在《明鏡》上讀到的內容，也不管其實其他人都早就讀過了。怪的是，如果之後又再講到相同的話題，他們全都會瞬間罹患「明鏡健忘症」，想不起來自己是在哪讀到這資訊的。我猜這是因為沒人想承認大家都在讀一樣的東西，所以他們會說「我在某個地方讀到……」或是「忘記在哪聽到的，聽說……」。

下次有人再說這種話，你就可以好心提醒他們：「是在《明鏡》上讀到的啦，《明鏡》上找不到的就不是真相。」

23 客氣地使用網路用語

ALWAYS SEND FRIENDLY GREETINGS

　　網路世界中，基本上只要在文末加上「：）」，就可以隨心所欲地暢所欲言。LOL 可用可不用，用了也是挺不錯的。如此一來收到訊息的人（還有被開玩笑的人）就不會被冒犯了，畢竟後面附上了笑臉，表示只是開玩笑罷了。

　　如果你生氣了，那就是你自己的錯，一點幽默感都沒有。德國人也有類似的網路禮儀，只不過他們把笑臉換成了以下幾個：

LG：誠摯的祝福（lovely greetings/regards）

MfG：友善地招呼（with friendly greetings）

VG：獻上滿滿的祝福（many greetings）

或是最潮的新用法：MvflG（誠摯地、友善地獻上滿滿的祝福──with many friendly lovely greetings），最後一個是我剛才不小心發明出來的。你可以盡所能地說些很狠、很過分的話，只要記得文末加上 LG 和 MfG 就好，例如：

亞當你好：

我是德國人，我覺得你的＜如何成為德國人＞系列很有意思！不過以下這些地方寫錯了，分別是：第一項、第五十二項、第七十四項、第一千兩百一十三項、第八十三萬五千五百三十四項都有誤。而且你還忘了提「Deutsche Bahn」（德國國鐵），怎麼可以忘了提德國人有多痛恨 Deutsche Bahn 呢！？真是不可原諒。我恨你。我現在正在想要用什麼方法把你凌虐致死。我在想要如何折磨你的身體，你的身體會淪為我的玩具，我也很有可能會把你醃掉。你的皮膚用來做抱枕應該很不錯。

MvflG，史蒂芬。

在這種訊息的結尾處放上祝福語是否合理，我也已經懶得質疑了，要質疑在一開始就該質疑了。總之，訊息後面記得加上 MvflG 就是。好了，讓我們繼續往下看吧。

24 遵守喝酒的規矩

PROST!!!

　　已經第二十四項了？厲害！在成為德國公民之路上，你已經走到中間點了。時間過得真快，我都快認不得你了。

　　喝一杯慶祝一下吧！不過首先，德國文化中有個奇怪的雷，你得小心不要踩到，就是如何「Prost」（敬酒）。

在我的記憶中，敬酒（開喝之前說「cheers」）是件開心的事。你跟一群人在一起，口袋夠深，買得起手上這杯酒，也有閒暇時間可以花在喝酒上，還有許多好友願意跟你出來喝。敬酒是朋友間的歡樂慶祝活動。簡潔可愛的敲杯聲響，就像是在向這個世界以及世上狗屁倒灶的煩惱說聲「去你的」。

我剛到德國時，和在英國一樣，用輕鬆的態度看待敬酒：可以敲杯、可以不敲杯，也可以把杯子舉高一些，稍微高過

嘴唇，朝朋友的方向微傾，然後喝下肚；或著也可以什麼都不做，喝就對了——但這在德國行不通。

在德國，所有手拿飲料的人，都好像在參加一場奇怪的喝酒社交舞大賽，必須輪流和在場所有人四目相交，不能閃躲，接著你還要敲到所有人的杯子。接下來就像溜冰比賽一樣，場邊觀賽的裁判會舉起每一位參賽者的計分板，讓他們看到自己在各種動作項目上的表現，例如「選手是否照規矩，以順時鐘方向敲過了每一只杯子」或「眼神交會的時間和強度」。

25 遵守買飲料的潛規則
DRINK BIONADE, BUY BIO

初次造訪這個陌生國度時，你會看到好多德國人手拿上面寫著 Bionade 的玻璃瓶，把頭往後仰，然後在嘴裡倒入顏色奇妙的飲料。想與德國人同化的你，絕對要試一試。這麼多德國人都在喝，一定好喝，對吧？

老實説，不怎樣，很普通！它基本上就是一個沒什麼味道的液體。你會搞不懂大家到底在瘋什麼，那就讓我來告訴你大家到底在瘋什麼……。

「Bionade」這間公司是行銷高手，因為他們懂得把「Bio」（有機）一詞放入產品名稱內。德國人的腦袋有個內建軟體，就是看到標有 Bio 字樣的產品就非買不可。如果產品名稱叫「duBIOus」（英譯：可疑的），就算它是添加兒童牙齒的巧克力棒，德國人還是會買。

讓我來替你解惑吧……你也知道，德國的超級市場是個令人困惑的地方，很難找到想要的東西，好像所有產品都會添加奶渣（quark）。面對著一整面琳瑯滿目的陌生品牌，你會想研究一下到底哪些品質比較好。不過你最好還是準備崩潰，因為架上所有商品都很好，至少包裝上是這麼說的。就連最陽春、最廉價的六十秒微波漢堡都會在包裝上標注「頂級」，或是「最頂級」、「奢華」、「加倍奢華」、「至尊奢華」、「加倍至尊奢華」。

老實說，我覺得德國超市的商品實際品質和包裝上聲稱的品質好像成反比。這時就會需要一個全新的商品分類，一個可以帶給消費者頂級體驗的類別，一個可以標出不容質疑最高品質的類別——「Bio」。

這就是為何德國人會出現 Bio 的必買反射。這策略挺奏效的，而且應該還會持續好一陣子，直到未來某人某天在他的產品上標示了「超級 Bio」，然後重新展開一個新的循環。

26 謹慎對待你的垃圾

RECYCLE

　　德國人都是垃圾分類魔人，所以你也得比照辦理。我想這大概是因為垃圾分類把德國人最愛的三件事情：環境保育、組織規劃、注重小節——結合在一起，變成一樁愛護地球的大好事。

　　你可以試試把紙類垃圾丟到德國朋友的一般垃圾桶裡，這絕對會踩到他們的地雷，他們會好好教訓你要如何正確分類垃圾，你們的友誼也會因此受到波及。

　　我在德國待的第一間公司，有三種分類垃圾桶，我們當然也得按照標示丟垃圾。沒有正確分類的人會被大聲譴責，然後被盯得緊緊地，彷彿他們不是人類，而是一根綁著炸藥的棍子，隨時有可能爆炸。

有一天，一件大家都不可置信的事發生了，公司的清潔員告訴我們，大樓樓下的垃圾集中管理處會把辦公室三種垃圾桶內的所有垃圾，全倒在同一個大垃圾箱裡。Mein Gott（我的老天爺）！努力分類全成了白工。

　　你會想，這下知道了事實的真相，總算是可以喘口氣，不用大費周章分類垃圾了，以後可以把所有垃圾都丟到一個垃圾桶就好了，對吧？錯！我們還是一如以往繼續分類，繼續使用三個垃圾桶。這就是德國處理事情的方式。

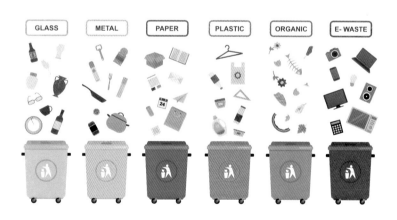

27 遵守電影院選位規則

STICK TO THE RULES

在德國上過電影院的人，都知道德國電影院的座位有兩種等級、兩種價位，分別是「頸椎痛席」和「頸椎不痛席」。「頸椎痛席」是頭幾排座位，想要往後坐就得多付點錢。

我在其他國家從沒見過座位分級的電影院。這個制度很糟糕，因為說實話你大可在床上用筆電看片。你大費周章地穿上外套、套上鞋子、出門、千里迢迢來到了電影院，花了九歐元坐在冷冰冰又黑暗的房間裡，看一部不像老電影一樣有「從此過著幸福快樂的生活」結尾的片，這年頭的電影都要來個三部曲，然後還有前傳三部曲，演個沒完，也許有天你會發現自己竟然在看蜘蛛人第四百一十七集。

我們費了這麼大的精力來到電影院,影城才該付我們錢吧,想坐後排竟然還要額外付費……喔,抱歉,我離題了。

雖然如此我還是非常喜歡到德國電影院看電影,主要是因為這是個千載難逢的大好機會,可以看我的德國女友不守規矩。在那短短的時間內,我們不再是原本的遜咖情侶,反而變成了注重細節、著裝合宜、按時繳稅的鴛鴦大盜。怎麼說呢?因為我們從不多花錢買後排的電影票,卻總是坐在後排。怎麼樣,震驚了吧!

一開始實在很難說服我女友往後面坐，她直接了當地拒絕了我。凡事都要講規矩，德國人很注重規矩、體制，這也是此篇的重點，你得學著點。德國電影院的「體制」非常資本主義，但怎麼說也就是個體制，有其規矩，絕大多數的德國人都會遵守。我敢保證多數德國人進入「Kinosaal」（影廳）後，如果發現廳內除了自己的座位上之外空無一人，一定會先檢查手裡的票五次後，才會請那個人離開。

於是我想出了一個計畫。每當售票員問我想坐哪裡，或是線上購票選位的時候，我會故意選第一排最左邊的位子，這樣我女友就會因為受不了而打破規矩，跟我一起到後排享受偷雞摸狗得來的頂級座位。

我的確因此被打了好幾次，但幹壞事付出點小代價，我倒可以接受。當女友惴惴不安地跟著我走到後排，感覺好像我們不只是貪了影城兩歐元，而是精心策劃了一場搶案，撬開了保險箱、出動身手矯健的侏儒，使出偽裝成筆的炸藥，搶了歐洲中央銀行好幾百萬元。

到後排就座後，直到電影演到一半之前她都無法放鬆，要到她完全確定我們的座位上沒有買了票的主人才行。在那之前，只要影廳的門一開，就可以看見她在椅子上扭來扭去，好像身體真的很不舒服一樣，嘴裡還不斷重複說著：「我恨你、我恨你。」我不太確定她說這句話到底是什麼意思，也沒時間猜，因為我正忙著在免費升級的尊爵「頸椎不痛席」上，享受眼前的電影。

一般位置
（頸椎痛席）

額外付費席
（頸椎不痛席）

愛車成癖

LOVE YOUR CAR

28

對德國男人來說，每次見到其他男性就要掏出寶貝來比大小非常浪費時間，而且這樣也會搞得在場其他人心神不寧。所以德國男人「演化」出了各種新的較勁方式，其中最熱門的就是比車。

我女友跟她爸說她交了一個英國男友後，她爸的第一個問題不是我的名字、不是我的年齡、不是我的工作，也不是我的興趣，而是：「他開什麼車？」

德國人對車真的超級認真，而且德國人也

88

很會製造車。這兩者之間應該有什麼關聯，但我想不到什麼哏可以串起這兩件事，還是不多加著墨好了。直接提醒你，如果你跟我一樣對車一竅不通，只覺得汽車就是多了兩個輪子的腳踏車，那你不適合德國。

做點功課，去寶馬或保時捷實習，看看一級方程式賽車，研究一下引擎構造圖，替你的車添購冬季專用胎。我不管你有沒有車，快去買輪胎就是了。加油，好嗎？

29 糾正別人

KLUGSCHEISSEN

　　身為行銷人的我時常聽到這句話：「絕對不可為了真相而犧牲故事性。」在德國這句話得反過來說：「絕對不可為了故事性而犧牲真相。」對德國人來說，真相是神聖不可侵犯的，「事實神殿」裡供奉著真相，非膜拜不可。

　　所以，當有人說話不準確時一定要糾正他，不管對話內容多瑣碎、多無關緊要都一樣，錯了就是錯了。你發現對方說錯了，糾正他就是你的責任。在德國這叫做「Klugscheißen」（直譯：smart shitting）。聰明伶俐又實事求是的德國人是 Klugscheißen 的世界冠軍。

　　假使有人說：「我們十月底才剛去中國，在香港待了一個禮拜後去了上海。」此時同行友人便會立刻插話說：「不是十月，我

們是十一月一日早上十點三十七分，從特格爾（Tegel）飛的。離境時你還買了一個貝果呀，記得嗎？奶油起司貝果。」

「喔，是十一月一日，好啦，是我記錯了。」

想要加入這場 Klugscheiß 盛會的人，便會接著說：「香港其實不屬於中國，只有上海屬於中國。香港是特別行政區，享有立法自由。」

「是、是、是，我們去了上海和香港，香港是中國的特別行政區，有立法自由，十一月一日出發，總共待了兩週。」

「十三天，我們只待了十三天。不到兩週。」

「喔，好啦，隨便！」

要預防老是被 Klugscheißed 有一些方法：

1. 你可以再也不開口，以避免擔心說錯話為由從此保持緘默。

2. 去訂做一件上衣，在上面寫：「這很重要嗎？」有人想糾正你時，就指指這行字。

3. 舉白旗投降，加入糾正別人的行列，直白地指出他人話中的小錯誤，好好享受這種快感。

30 打破沙鍋問到底
INTERROGATE JOKES

德國人一向被認為沒有幽默感，滿悲傷的。但事實不然，德式幽默就和德國麵包一樣：又黑又乾，雖不是人人都能接受，但絕不缺貨。

英德兩國搞笑策略的最大差異就在於：德國人的笑話講究邏輯。英國人很愛用些不合理的爛哏，好比說現在正在下大雨，你就可以說「真是適合鴨子的好天氣」，此時身旁的人要不就是點點頭，要不就是微微笑。聽者明白你說的話不合理，知道這只是打破沉默用的垃圾話，只是用來拉近彼此關係的小屁話，可以用來殺時間。合不合理不重要，也不用認真思考。

但，小老外，在德國合不合理很重要。真的，超級重要，對你來說尤其重要，因為你已經是個德國人了。不要靠好笑與否來評斷一則笑話，門外漢才這樣，你要當個高手，你要靠合理與否來評斷笑話。這個隨便拿亂鴨子開的玩笑，最後會演變成十五分鐘的理性分析，德國人會卯起來討論鴨子在面對不同天氣的時候，其實應該不太會有感覺。

聽到當英國人、愛爾蘭人和蘇格蘭人聚在一起的笑話時，不要只顧著嘲笑滑稽的愛爾蘭人，要好好思考這三個人是在哪裡碰到面的。他們為什麼會在同一架飛機上？為什麼只有一頂降落傘？這樣合法嗎？他們怎麼有辦法跟教皇見面？還有熊到底為什麼會走進酒吧？

要當一個道地的德國人，連最簡短的俏皮話或笑話都要認真分析，要把這則笑話當作謀殺理性邏輯的冷血頭號嫌疑犯。

31 遵守蠟燭與菸的原則

DON'T LIGHT YOUR
CIGARETTES FROM A CANDLE

　　身為一名作家，我的衣食父母是購買我胡亂寫下的東西（例如這本書）的人。感謝支持，你人真好。悲傷的是，買書的人已經很少了。

　　自從某個快樂的小傻子發明了電影之後，就只有會在眼前扭來扭去的東西才能引起我們的注意。接著網際網路問世，還告訴大家一切都該是免費的。最後地表出現了一個時間水槽──臉書。

　　臉書吞噬了人們剩下的所有時間，現代人整天庸庸碌碌，根本沒辦法專心坐在房間裡，安靜地閱讀犧牲樹木印出來的紙本書。這年頭當個作家，就像是在財務狀況吃緊的環境中幹些無用的細活。

　　有人在乎嗎？沒有。德國人在乎嗎？不在乎。他們該在乎嗎？不該。

　　不過有個瀕臨絕種的少數族群，卻受到德國人的極力保護，那就是沒沒無聞的水手。下次有機會到你家附近的「Raucherkneipe」（吸菸酒吧）時，不妨試試用蠟燭點菸。旁人很有可能會發出唾棄的驚呼或嘖嘖聲，或是不悅地搖著頭，因為你讓一名水手破產了。幹得好啊，混帳。

　　這個奇妙的迷信來自於以下這則故事：在好久好久以前，水手們到處打劫、走私，是海上的不速之客。但在嚴峻的寒冬中，海上求生不易，他們便會賣火柴討生活。所以依照德國邏輯，德國人普遍認為用蠟燭點菸，水手賣的火柴就沒人

使用，水手便會丟了生計，窮困潦倒。甚至有人認為你用蠟燭點燃香菸的那一刻，就會有一名水手死掉。這完全沒有事實根據，而且我懷疑這是水手自己捏造出來的故事。

順道一提，你知道觀賞一支 YouTube 影片就會有一位小說作者死掉嗎？真心不騙。不要再看可愛貓咪的影片了，你這個殺人兇手。

32 堅持空氣流通的重要性

FENSTER AUF KIPP

　　南韓有個廣為人知的傳說，就是在密閉空間開電扇睡覺會致死。我猜這故事應該叫「電扇死亡怪談」。雖然電扇致死在科學上是有根據的，但發生的機率，差不多跟在贏了地表所有樂透的當下被閃電打到一樣。不過還是很多人寧可信其有，也因為如此，南韓的電扇都有定時功能。

　　德國有德國版的「電扇死亡怪談」。德國建築工人和建築工程師相當優秀，眾所皆知，因此德國人深信他們蓋的不是公寓、不是房舍，而是「氣密堡壘」。許多德國人認為如果無法時不時讓「Zwei Zimmer-Wohnung」（兩房公寓）內的空氣流通，就非常有可能導致窒息。於是，德國窗戶都有特殊的「Kipp」（內導內開）設計，讓窗戶可以固定在敞開百分之十的位置。就算是在嚴峻的寒冬之中進入德國人的臥室，你都有可能發現臥室的窗戶微敞，而且

室內冷到可以凍肉。如果不能保持窗戶微開，就需要定時做「Stoßlüftung」（空氣流通），把窗戶完全打開一小段時間，讓冷空氣灌入室內，攻擊不流通的邪惡暖空氣。這也解釋了德國人為什麼這麼不信任空調，因為空調是假的空氣流通器，只是乾坐在那把老舊的二氧化碳重新打入室內。

德國人對微開窗戶的狂熱，很可能會讓異國戀情受到威脅。英國人從十月一日開始就會把公寓中的暖氣全部打開，一路開到四月才會關掉。我們很不習慣「Fenster auf Kipp」的冬天，所以得和德國的另一半上演「暖氣攻防戰」。

我們會等他們上床睡覺時偷偷關上開了一整天的窗，接著打開暖氣，在溫暖舒適的室內進入夢鄉。美好時光到了早晨便會結束，德國的另一半起床後對於自己竟然沒有在半夜悶死會感到震驚又心存感激，他們會立刻關掉暖氣並再次打開窗戶。唉。習慣冷風吧，你現在是個「Kipper」了。

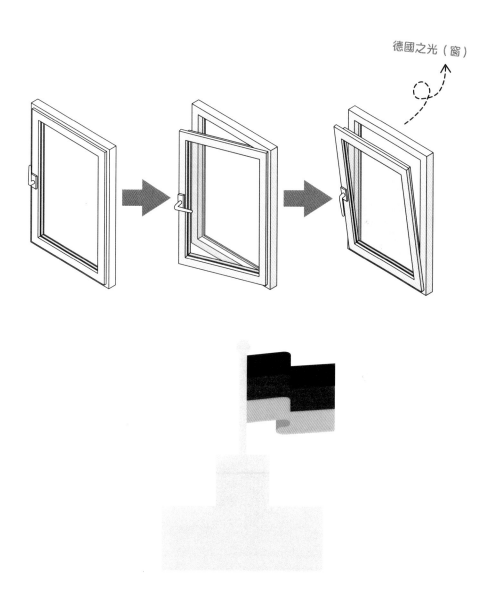

德國之光（窗）

33 對首都柏林百感交集

FEEL MIXED ABOUT BERLIN

　　好啦，小老外，總不好一直把你關在屋內吧，還是得出門探索一下這個華麗遼闊的「Wurstparadies」（香腸樂園）內充滿異國風情的角落。接下來的幾個步驟要幫助你認識德國地理：第一站，柏林。

布蘭登堡門
（Brandenburger Tor）

勝利紀念柱
（Siegessäule）

德國國會大廈
（Reichstagsgebäude）

柏林電視塔
（Berliner Fernsehturm）

世界文化中心
（Haus der Kulturen der Welt）

德國人普遍對他們的「Hauptstadt」（首都）有著糾結的情感。柏林是德國大家庭中的野孩子——富有創意、不守時、動不動就大開電音趴、不繳稅、滿街外國人。在許多德國人心中，柏林並不是德國首都，反而比較像是一個巨型藝術展覽或是社會實驗場之類的，只有在宿醉或需要救濟時才會出現。這些德國人認為首都應該是法蘭克福這類的地方。在法蘭克福你不會迷失自己。

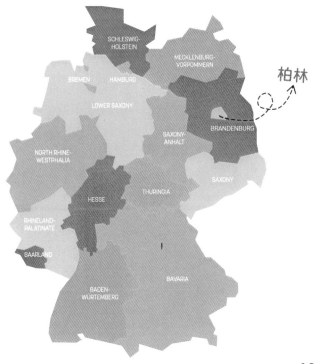

34　痛恨巴伐利亞

HATE BAVARIA

　　每齣戲都要有個反派。德國這齣戲中的壞女巫就是巴伐利亞邦（Bavaria）。首先，倒霉的巴伐利亞位於德國下方角落，遠在天邊，不管怎麼說她壞話她都聽不見。因為不是位於中心，所以地緣上也無足輕重，但巴伐利亞卻好大的膽子成為德國最富裕的邦，不但不懂得低調謙遜，還成群結黨、穿著難看的服裝、飲酒作樂、老問候別人媽媽，財大氣粗。

　　巴伐利亞只是幅員遼闊的德國的一部分，但百分之九十一的德國刻板印象都可在這一邦看到，其中負面的刻板印象百分之百會在此出現，成為外人取笑德國的把柄。

巴伐利亞

35 痛恨薩克森方言

HATE THE SAXONY DIALECT

　　德國生活中有件事沒得商榷。好像在很久以前有人舉辦過一場投票，開票時第一名獲得了壓倒性勝利，結果還公布於《明鏡》（Spiegel Online）上，於是投票結果便成了公認的事實——德國最難聽的方言是「Sächsisch」——薩克森方言。這也是官方事實，去問一百個德國人，最難聽的德國方言是什麼，九十九個會立刻說是薩克森方言。

　　顯然說薩克森方言的人不能算是德國人，而是剛出山洞來到文明社會中，有語言障礙的大老粗。每次我跟別人說，我以前在萊比錫的「Volkshochschule」（社區學院）學德文，對方都會露出驚恐的表情，一副不敢相信薩克森邦的語言學校竟然可以申請到教學許可的樣子，好像我說我向麥可傑克遜請教育兒之道一樣。Nu klar ！好吧。

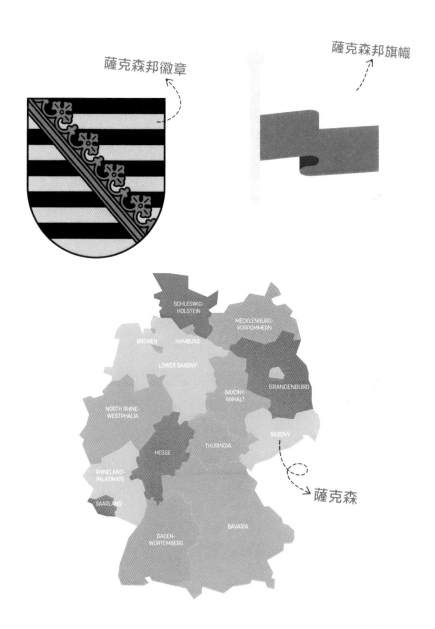

薩克森邦徽章

薩克森邦旗幟

SCHLESWIG-HOLSTEIN

MECKLENBURG-VORPOMMERN

BREMEN HAMBURG

LOWER SAXONY

NORTH RHINE-WESTPHALIA

SAXONY-ANHALT

BRANDENBURG

HESSE

THURINGIA

SAXONY

薩克森

RHINELAND-PALATINATE

SAARLAND

BADEN-WÜRTEMBERG

BAVARIA

36 東德西德選邊站
PICK A SIDE, RESPECT THE DIVIDE

英國和歐洲大陸一直處於一種尷尬的曖昧關係之中，你也常會聽到英國人說些奇怪的話，例如「去歐洲度假」。這告訴我們，在現實世界中的界線被摧毀之後，人們心裡的界線仍會苟延殘喘好多年。東西德已經統一了二十多年，東西之分野卻仍存在於許多德國人的心中和偏見裡，即便他們每個月都必須給付「Solidaritätszuschlag」（統一團結稅）。

對許多德國人來說，能去「隔壁區」度過一次週末就很了不起了。這種心理層面的東西分野，常常可在日常不經意的對話或是奇怪的說法中出現，像是：

「有朋友從西德來看我。」

「啊？東德也有這個嗎？」

若跟東德的人聊天（特別是老一輩的東德人），你會感受到他們仍不覺得東西德是同一個國家，西德是陰險的資本主義麥當勞主題樂園，天上會掉錢下來，禮品店永不打烊。老一輩的西德人則認為奧薩瑪・賓拉登（Osama bin Laden）曾經藏身於東德。

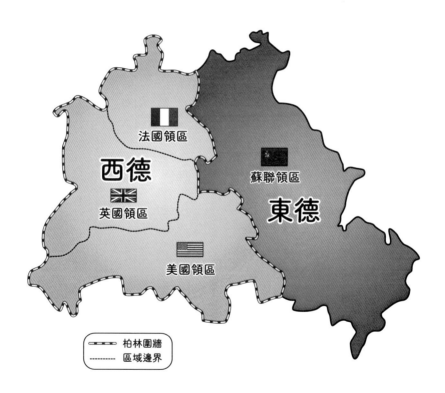

法國領區

西德

蘇聯領區

英國領區

東德

美國領區

柏林圍牆
區域邊界

逃票

FAHRE SCHWARZ

在英國我們講「滿招損」，太過自滿的人就像吃飽喝足的尼安德塔人在篝火旁休息，睡得太沉，因此完全沒有聽見獅子正悄悄靠近。

英國和美國一樣，總是把社會大環境想成一顆雪花球，每當天上降下的雪花開始緩了下來，一切靜得如詩如畫時，政府和媒體就會再次搖晃這顆水晶球，像是：

拆穿恐怖攻擊計劃！

加裝更多閉路監視器！

經濟蕭條！

蓄勢待發的傳染病！

SARS ！

非洲殺人蜂！

關鍵是，英國人總是戰戰兢兢，我們會隨時保持警覺，遠離危險。這也是為什麼這年頭若有陌生人在公園跟小孩交談，父母會立刻懷疑此人是綁匪或有戀童癖。這樣假設比較「安全」。

也因為這股偏執，在倫敦搭地鐵的時候，你會發現很多維安人員，空氣中也總是瀰漫著一股介於意志消沉和烏雲罩頂之間的氛圍。

小老外，是時候卸下心防了。德國的大眾交通運輸系統完全建立在信任之上。你可能很久沒有聽到信任這詞了。信任不是放任的一種。信任是因相信而產生的行為，也就是説，在德國搭車不需要通過閘門。德國的車站會有售票機，買好票就上車。不買票還是可以上車，而這就叫做「schwarzfahren」（逃票）。要不要買票你自己決定，真是自由美好。如果你選擇要當不買票的無恥之徒也沒問題。雖然德國人非常奉公守法，還是有很多人逃票，而且他們逃票一點也不難為情。

你會看到查票員進入車廂，露出一副「抓到你了吧」的賊笑，此時所有逃票的人會拿出自己的身分證件，準備好乖乖吃罰單。他們一點也沒有犯法了的感覺，泰然自若，不帶情緒，感覺好像等這張單等了很久，終於等到了，終於可以去繳錢了。

38 頭銜很重要

GET QUALIFIED

　　瞧瞧你，小老外，最近過得挺快樂的是吧？帶著車票到處跑，到巴伐利亞和柏林找你最喜歡的德國新朋友玩耍。玩這麼開心，誰買帳？當然是你本人。該是時候在德國試試水溫找工作了。

　　剛搬到德國的時候，有人告訴我：「在英國，喝最多還能不吐在自己鞋裡的人，才把得到妹，但在德國，最懂哲學的人才把得到妹。」這句話是有點誇張，但也是其來有自。

　　德國的教育體制非常完善（至少跟英國相比是如此），德國人也花很多時間讀書，這些人都是高知識份子，因此，德國人通常都有很多頭銜。

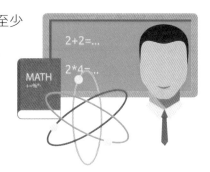

虛榮心需要觀眾，學識上的虛榮也是，所以德國人需要想辦法替自己找機會提醒其他德國人自己高人一等。英國文化指名不道姓，不論場合，我是亞當、他是約翰，我們的能力和學識完全取決於肚子裡有多少墨水，但這種文化已經過時了。

　　在德國，姓名前的頭銜才是關鍵，稱呼別人的時候也要使用這些稱謂，例如「博士施密特先生」（Herr Dr.）、「教授施密特女士」（Frau Prof.）或「榮譽博士施密特」（Dr. h.c. Schmidt）……完全屏棄只叫名字的裝熟模式。就連再平凡不過的門鈴都是跟鄰居一較高下的好機會，你可以在門鈴旁一一列出自己的學術成就。

如果你跟你的德國朋友說自己只有劇場研究的學士學位，他們的臉上應該會露出竊笑，然後拍拍肩膀安慰你，感覺像是你終於學會自己穿衣服了，而他們感到欣慰。

39 履歷一定要長
ENLARGE YOUR CV

你應該有過以下經驗，瀏覽網路時點了一個網頁，然後卡住了。沒關係，稍等一下再按重新整理，過幾秒網頁就會出現了。你知道這幾秒的時間裡，網路為什麼會塞住嗎？我知道。這是因為某處有個德國人剛把履歷寄給了想應徵的公司。你知道，德國人的履歷和其他國家的履歷可不一樣。

大學快畢業的時候，我修了一門求職特別課程。課堂上討論到面試技巧、建立人脈還有履歷撰寫，也就是學習如何寫出吸引人的履歷。上課時老師常常生氣大吼，要我們的履歷再精簡一點。短一點！同學！再短一點！

老師會給我們看相關數據，說雇主看一份履歷的平均時間只有四秒，於是我們又會再繼

續刪東減西。最後我的履歷只剩下四行文字：「我是個好人，工作能力佳，牙齒乾淨。快雇用我。」文末再附上我的電子信箱，還有一張戴著眼鏡的獨角獸大圖。

這招在德國不管用。要當個貨真價實的德國人，你的履歷至少要有十七頁長，最後還要附上至少二十條附錄。這年頭的英式履歷幾乎看不出你的身分，甚至為了避免年齡歧視，連年紀都不能寫。但在德國，履歷要用專業的棚拍美照作為開場。接著是你的學術成就。把年代最久遠、已經沒人在意的成就放在最前面，例如體育成績。履歷中千萬不要提到自己的想法，這裡沒人想知道你的願景、夢想或是五年內

的規劃。只要紀錄你人生中發生的事就好，就像是寫訃文給活人看。

這就是德國——只有事實才有人買帳，故事不吸引人。江湖郎中，別想用話術騙我。再來要把你所有的證照和執照都掃描起來附在後面。

一九九八年學校運動會跳高亞軍？別漏掉！這可以顯示你很有決心和毅力。下一段則是推薦人，多多益善。保險起見，最好把所有認識的人都列為推薦人。推薦人寫完之後要寫什麼都可以。一九八七年的購物清單？九歲時紀錄某個快樂暑假的作文，老師還給了滿分？好，也可以放進去。有兄弟姐妹嗎？婚姻狀態？有孩子嗎？父母的職業？這些資訊都很重要，可以用來評估你有沒有處理客服電話的能力。你得寫下所有人的姓名、年齡、工作，以防萬一。

要成為德國人，就不能只提供簡歷給心儀的公司，你得寄出巨量的資料，包含搞死自己的一切細枝末節。

40 找份「真正的」工作

FIND A "REAL" JOB

　　大無畏的文化大使，跟你說個好消息，德國經濟正日漸茁壯。我猜你可能還在抗拒走訪令人困惑的絕望堡壘——「Arbeitsagentur」（聯邦勞動處）的辦公室。就連東德萊比錫，那些過去發展較遲緩的城市也都已經整裝重新出發，成了蒸蒸日上的物流重鎮。也就是說，只要你帶著各種證照以及冠在姓名前的頭銜去找工作，絕對是無往不利。

　　但，並非所有工作都同樣受到重視。每個德國人心中都存在著一張「不能說的職業分級表」，只是他們自己沒有意識到。這個表把工作二分為：「真正的工作」和「其他工作」。

　　一門專業要在德國獲得認可，必須有至少一百年的歷史，還得跟科學扯上點邊，否則也得是花大半輩子習得的知識密集專業，還要有六十七種相關證照。入行門檻要高，要

有複雜的行話來保護這門專業。職業名稱的第一個字最好是「工」，第二個字最好是「程」。其他也在「真工作」範圍內的職業包含科學家、律師、老師或需要大規模管理技術的工作，例如物流以及跟車相關的所有工作。

如果不懂這些，那當德國人問起你的工作時，你就會陷入跟我一樣的窘境，我一回答「行銷」，對方就會接著說：「這不算真正的工作吧？」

41 搞笑失敗

FAIL AT SARCASM

　　當英國人絕非易事。我們基因不好、飲食習慣不好、動不動就道歉，甚至還會為了太常道歉而道歉。雪上加霜的是，因為《蒙提‧派森》（Monty Python）這齣劇，大家都以為全英國六千萬人，各個都是愛吃馬麥醬（Marmite）的單人喜劇演員，以為我們不事生產，一天到晚就忙著被大不列顛島上同胞的段子逗得笑彎了腰、笑到肚子痛。我們要承受的社會壓力很大，總覺得無時無刻都必須幽默，只因為我們是英國人。你知道的，《蒙提‧派森》害的。

　　德國人則面臨著相反的困擾。幽默對他們來說極為困難，因為沒人覺得德國人有幽默感，所以他們必須加倍努力，才能證明大家錯了。也就是說，當有人說了一個嘲諷德國人沒有幽默感的冷笑話或是針對二戰發表了不恰當的言論時，德國人有兩條路可以走。

第一條路：雖然笑話不好笑，但他們還是以笑聲來證明德國人確實有幽默感。這條路的風險是，對方可能會繼續講冷笑話，然後德國人又得繼續假笑。第二條路：德國人可以選擇不要笑，加深大家認為德國人沒有幽默感的刻板印象。怎麼做都不對，很逗吧。

　　愛說反話的德國人也有類似的困擾。德國喜劇中不太會有說反話的元素。說反話的德國人通常是海歸德國人，他們在其他地方被傳染了「反話技能」，就好像是他們的「幽默骨」染上了登革熱，然後一直想要再把這個疾病傳染給國人。

就我個人經驗而言，德國人說反話搞笑的失敗率是百分之九十，因為沒有人會想到他們是在說反話，大家都覺得德國人就是一條腸子通到底，於是會出現類似以下這則對話：

「嗯，對呀，芬蘭每戶人家都會養一隻企鵝當寵物。」

「真假！？我從來沒聽說過，養在室內嗎？」

「才不是呢，別傻了……（翻白眼，加重反話語氣）養在院子的雪屋裡啦！」

有人開始搖起頭來。「真的！？但這不合理呀。」

「真的啦，企鵝在芬蘭就像狗一樣。芬蘭人會用牽繩遛企鵝，早上常可以看到民眾牽著搖搖擺擺的企鵝在散步。」

「有上《明鏡》嗎？」

「有啊，他們還訪問了其中一隻企鵝。」

「這不合邏輯呀，要怎麼訪問企鵝？」

「我的老天爺！我在說反話啦！最好是他們真的養企鵝當寵物啦！」

我的朋友圈中有張「德國人反話卡」可以用來解決這個問題。這不是張實體卡片，比較像是張虛擬的儀式用卡，想像足球裁判發紅牌那樣把這張卡舉在頭上，這樣大家就知道你準備要說反話了，等一下要準備笑。雖然這就像在腳踏車輪胎上戳了個洞，讓趣味就像車胎裡的空氣一樣漏了出來，但唯有如此，德國人才有機會好好享受說反話帶來的短暫樂趣。

42 學著喜歡繁文縟節

LEARN TO ENJOY BUREAUCRACY

我真的很愛看有國王、伯爵還有騎士的微做作時代劇。這種劇總是會有以下橋段：信差奉命立刻動身送信，他帶著用蠟彌封好的公文離開，騎了一整夜的馬，成功將公文送達目的地，此時號角響起，吊橋降了下來，上氣不接下氣的信差下了馬，用極為正式的口吻說：「愛隆家書到」。

要說德國人現今仍如此行事是有點太過誇張，但德國人確實跟古代人有些相似——他們很享受公家機關的繁文縟節。德國人總是覺得自己是詩人和思想家，但稱他們為「蓋章達人」和「標準化專家」好像還比較合理。

他們好像不覺得官僚體系的繁文縟節綁手綁腳，反而視之為一種安全

機制，可以替他們在人生鋒利的邊緣上，鋪上安全保護墊。

　　如果「Paperspiel」（文書遊戲）是體育競賽項目，我敢說德國人一定會拿下奧運金牌。德國人會拿出一堆小樹木般的印章，拉出一個裝滿等身資料夾的小推車，還有專業文具組以及上面寫滿「die Rechtsschutzversic herungsgesellschaft」（直譯：提供法律保護保險的公司）這類超長法律複合詞的公文。

　　他們靠筆記、資料整理和螢光筆重點就可以輕鬆致勝。

43 把語助詞掛在嘴邊

GUT GUT, NAJA, ACH SO,
ALLES KLAR & UND SONST SO

德語實在令人壓力大。就算已經付出了極大的努力，你可能還是會覺得，自己永遠無法正確發出這複雜語言的音，因此感到喪志。不用擔心，我這就來救你。

我之所以沒有早點告訴你破解德語的方法，是怕你偷懶，不肯用正統、痛苦的方法學習德語。親愛的朋友，不要擔心，其實你現在就能學會說德語，此時此刻。至少可以學會很大一部分，也就是最重要的閒聊用語。

你只需要五句常用片語，這五個片語佔了德語對話的百分之六十。以下是密技：

「Gut」（好）

「Naja」（嗯，語助詞）

「Ach so」（是喔）

「Alles klar」（好喔）

「Und sonst so」（不然呢）

只要用這幾句百搭德語就可以進行一場對話，還可以自由調換順序。

「Na?」（是嗎？）

「Ja.」（是）

「Ach so.」（喔，好吧）

「Alles klar?」（懂了嗎？）

「Naja.」（嗯）

「Gut, gut.」（好，好）

短暫的沈默。

「Und sonst so?」（不然呢）

44 務實才是王道
PRACTICALITY TRUMPS EVERYTHING

　　我和我的德國女友常在某個點上起爭執，我覺得從這個爭執點，可以看出德國和其他國家間在意識形態上的差距，你可能時常會需要想辦法跳過這差異的鴻溝。

　　這鴻溝就是──當英國的浪漫主義遇上德國的務實主義。若看過英國女生冬天跑夜店時的穿著，就會知道務實不是我們的首要考量。我們就像鵲鳥一樣，會搜集各種閃亮的物件，我們看一樣東西會先看它美不美，再來才會考慮它的實用性（或根本不考慮實用性）。德國人則凡事講求務實，這也是為什麼他們常説：

　　「Das ist doch unlogisch（不合邏輯）。」

　　「Das macht aber keinen Sinn（沒道理）。」

　　「Total unpraktisch（完全不切實際）。」

　　「Wirklich sinnlos（沒意義）。」

你不用特別等人敲門推銷「巧克力茶壺」才把這幾句話拿出來用，當你不同意某人的意見時，就可以拿出來說。這在德國稀鬆平常。這種文化差異在討論公寓時尤其明顯。若有人問起你的公寓，一個道地的德國人只會用陳述語句回答。你不是在描述養育小孩的環境，而是在宣讀起訴書或醫療處方箋。你一定要知道自己的公寓每平方公尺要價多少歐元，而且要從這點開始講起；接下來，說說總面積和房間數；然後提一下「Kaltmiete」（房租）以及「Nebenkosten」（額外費用）；接著，公寓是否有陽台，你用的是哪一種木地板？

德國人好像都是木地板專家，熟知各種不同的木地板類型，還可以告訴你各種類型的優點。說到底，你也只會穿著室內鞋踩在上面，有這麼重要嗎？最後你可以說說公寓的地理位置，或你喜不喜歡這間公寓，如果你想說的話啦，看你囉。反正該說的重要資訊都已經說完了。

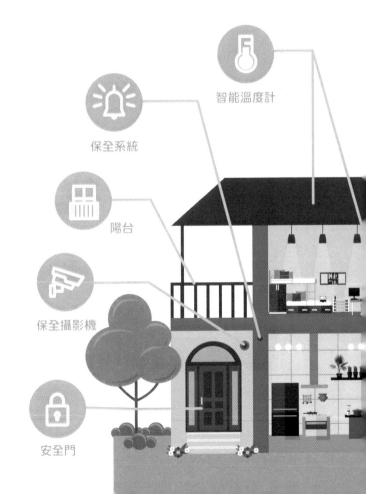

智能溫度計

保全系統

陽台

保全攝影機

安全門

智能通風系統

光線調節系統

智能浴室

遠端遙控

車庫保全系統

135

45

認真旅遊
TRAVEL SERIOUSLY

你已經很努力想要融入德國了，我覺得可以休息一下。出國度個假你説怎麼樣？不過，很抱歉，跟德國人度假，或是身為一個德國人要去度假，都是件麻煩事。

親愛的文化探索家，如果你想要處事正確妥當，可有很多功課要做，因為新的國度＝新的風險。

德國人「Projekt Urlaub」（度假大計畫）的第一步，就是要了解異國潛在的危險，用全方位保險和專門的旅遊設備來把風險降到最低。就連週末到波羅的海輕旅行，都有可能會用到有特殊鞋底的高科技登山鞋、可以拆成短褲的長褲、飲料桶以及登山客使用的各種特殊鉤子。地圖一定要印出來，路線要預先規劃好，要有路線備案，還要有備案的備案。

　　德國人初次抵達遙遠的國度，看到當地人處理事情毫無效率後，常會大失所望。他們會把失望化作語言，例如：

　　「不是說公車下午六點發車，現在都已經六點十五分了。又來了！」或「通風這麼差的廁所根本是黴菌溫床」；或是「只是要分開結帳，很難嗎？」

　　人在異鄉的德國人是半個遊客，半個「技術認證專員」（Techniküberprüfungs），眼睛不但會一直忙著搜索各種危害健康和不安全的行為，也會先看好緊急出口和廁所的位置。你會發現德國人進入餐廳後，會用目光在腦中重新安排餐廳內的桌椅，以求符合最佳的「Fluss」（動線）。

德國人之所以旅遊，一小部分原因是可以練習使用學過的外語，但最主要是想要藉由身處異鄉來提醒自己：德國的一切有多麼美好。

46

認真過生日

KNOW THAT BIRTHDAYS ARE
SERIOUS BUSINESS

在德國，生日不只是一個吃蛋糕的好藉口，也不是一直被問比昨天老一歲是什麼感覺這種煩人問題、喝掛後癱在一大疊外套底下的日子。不是這樣的。

慶生在德國是件大事。在德國過生日，可能誤觸的社會禁忌實在太多了，我看最好乾脆取消生日會，安靜地老去就好，不要大張旗鼓。首先要知道，你得帶蛋糕請公司所有人吃，雖然照理來說你生日應該是大家來替你慶祝，而不是你請大家。

另一個非常重要的關鍵是，生日只能在當天慶祝。在英國長大的人可以自己選擇要在哪一天慶生。如果生日落在週

二，我們可以提前在週末慶祝，而慶祝的那天就成了我們的生日，我們會在那天收禮物，讓大家替我們祝壽，也會舉辦慶生會。到了週二，這天就變得跟一般的週二沒有兩樣，畢竟週六就已經過完生日了。在英國，生日只是一個抽象的概念，讓我們有機會在這一天戴上派對帽，成為眾所矚目的焦點。

在德國，你可不能擅自更改生日日期。你是三月一日生的，那麼這天就是你的生日，是你出生的日子。在這特別的一天，你離開了媽媽的身體。要成功改變生日日期的成功率跟長出第二個鼻子一樣，想都別想，你這個小騙子。

如果在安排上有困難而非得改期，那也只能改到你生日之後的日子。在德國提前祝壽會觸壽星霉頭。看德國人如此迷信，我想提前慶生可能會使你在生日前死亡的機率提高百分之七十四。還有，一定要知道自己出生的確切時間點，這樣才可以在準確的時間好好慶祝，這才是過生日的重點。

47 跨年夜要看英國片

WATCH *DINNER FOR ONE* ON NEW YEAR'S EVE

如果我告訴你一年當中有一個晚上，德國所有電視台都會循環播放同一部電影一整晚，你大概會想……幹麼這樣？或是你會想，這肯定是部好片，是《大白鯊2》（Jaws 2）嗎？我最愛《大白鯊2》了。

其實我也不太確定他們為什麼要這樣，喔，而且也不是播《大白鯊2》，播的是部英國片，更令人吃驚的是，竟然是原音呈現。但這部英國片在英國很冷門，若去英國大街上做調查，訪問路人哪部英國片好看到一年當中有一天，德國所有電視台會同時播一整晚，我敢跟你保證這部片一定榜上無名。這是部英國人不知道是英國電影的英國電影，搞不好英國人還根本不知道這是部電影，甚至連聽都沒聽過。

這部鮮為人知的黑白喜劇叫《一個人的晚餐》（Dinner for One）。德國在跨年夜播放這部片約有四十年的歷史。有些德國人說，他們四十年來幾乎年年收看，而且一次看好幾回。這已經成了根深蒂固的德國文化，而且老少咸宜。每台都播，也很難不看。就算是去參加跨年晚會，晚會背景大概還是會播這部電影。

《一個人的晚餐》彷彿是一年只會出現一次的老友，大家也是因為這位朋友才齊聚一堂。好像沒有人知道《一個人的晚餐》變成跨年儀式的真正原因，不過我自己有個理論：我覺得，顯然是各電視台的執行長有鑑於可怕的配音節目已經轟炸觀眾了一整年，因此聚在一起商議補償措施，最後決

定所有頻道在某個晚上選播同一部英語片，並且反覆放送一整夜。這就像是在三溫暖中，偶而也要跳進冷死人的冰水池浸一下再馬上出來，以便體溫回歸正常。

　　會選擇跨年夜是因為這天應該沒有人會坐在那看電視。這可是德國呢，跨年大家都要去跳舞，喝杜松子酒喝到ㄅ一ㄤ，或是出去亂炸東西，不是嗎？……對了，接著讓我們往下看第四十八點。

48　丟掉你對煙火的
所有認知

FORGET ANYTHING YOU
WERE EVER TOLD ABOUT FIREWORKS

在《惡靈線索》（The Wicker Man）這部
片，有四分之三的時間都在描述一個外國人探
索異地的故事，該地的人非常和善、好客，但卻有
點怪，動不動就要裸體。主角想搞清楚狀況，因此
辦了一場慶典，慶典中所有人都失控了。主角努力
想要重建秩序，提醒大家他們的行為非常危險，但
當地人不僅不理會，反而把主角拖到某處放火燒。

這不是電影杜撰的劇情，而是德國「Silvester」（跨年
夜）的真實呈現。

英國教育告訴我們，除了全身塗滿花生醬和獅子肉搏，以及一切的雪中活動，最危險的事情就是放鞭炮了。每放一支鞭炮，你就有百分之五十的機率會當場身亡。我不知道這是鞭炮本身的問題，還是好久以前有人對英國人下了咒，所以鞭炮只要一碰到我們就會爆炸。英國國家電視台甚至會播放短片，宣導仙女棒可能造成的危險。對，就是仙女棒。我個人是覺得每年因仙女棒受傷的人數，應該不及因枕頭戰或被掉下的椰子砸傷的人數。

我在德國曾看到，有人在擁擠的演唱會現場點燃仙女棒，也有人把仙女棒插在蛋糕上，甚至還有人在室內玩。室內耶！太不可思議。

我還曾經看一個人故意朝著一名騎著單車的女子點了沖天炮。沖天炮打中女子的胸口，她大聲尖叫，然後沖天炮就彈開、慢慢熄滅了。真恐怖。我受的英國教育讓我以為這女人會立刻著火，放炮男子則會因為進行恐怖活動，而立刻被抓去坐牢。

每到跨年夜，平常溫和、正常、務實、避免危險的德國人，都會變成兜售火藥、沒事找死的縱火狂。他們魯莽地跑來跑去、到處亂放鞭炮。有些地區簡直變得像巴格達市中心的菜市場一樣。在德國跨年時跑到室外，簡直就像是闖入一個有八千萬名玩家的《超級炸彈超人》（Bomberman）遊戲中。

　　唯一讓人比較安心的大概就是如果哪裡出了差錯，人人都有保險理賠。

49

痛恨芭樂歌，
卻朗朗上口

HATE SCHLAGER, KNOW EVERY WORD

看過一九九九年的電影《魔掌》（Idle Hands）的話，你就會知道有一種叫「異手症」的罕見疾病，異手症患者的手會發展出自己的意志，一直和主人唱反調。德國人患有一種與異手症類似的疾病，較鮮為人知，但症狀一樣令人不適，影響範圍遍及全身。這種病叫做「Schlageritis」——德國芭樂歌不適應症。

> 我的頭上有顆洋蔥。

你跟幾名德國人在一個戶外啤酒座狂歡，此時有人跑去放了「Schlager」（芭樂歌），然後你會發現，身邊的德國朋友馬上出現了芭樂歌免疫不全的症狀。首先他們會嘟囔、

抱怨、哀哀叫，然後告訴你他們有多痛恨芭樂歌，還說聽這種歌簡直是用粗糙的電子鼓聲，羞辱智商整整三分鐘。

不要理他們，他們只是想要抗拒症狀，只是在否認自己。接著你會發現他們的手開始出現了微微的動作，幾乎像是違抗意志的動作。然後他們便會繼續正常交談，不過嘴裡時不時會不小心吐出一兩句歌詞。

每個德國人都內建芭樂歌的完整歌詞資料庫。這是內化的技能，存在於德國人的基因當中，就像雨林部落居民靠直覺，就可以分辨哪些植物可食，哪些植物則會把你變成人肉塊濃湯。

他們會努力想要抗拒快要發作的症狀。為了控制自己的手，他們可能會坐在手上，然後開始大談自己新發現的投保組合，或是說笑話來分散自己的注意力。他們可能會說：「應該要有人發明芭樂歌險，只要被迫聽德文芭樂歌，就可以得到保險給付。」

此時，德國朋友應該已經在椅子上扭來扭去了，好似身體要逼他們站起來唱歌、跳舞、和陌生人敬酒。

到了這個地步，只剩下兩條路可以走。一：他們可以再次重申自己究竟有多痛恨芭樂歌，然後強迫你跟他們一起離席，或是，二：可以不再抗拒各種症狀，放輕鬆好好地玩樂。通常他們會選擇離開。如果要選擇第二條路，他們絕對會偽裝自己，用諷刺來包裝自己的愉悅。

芭樂歌實在太瞎了，我要裝嗨來嘲笑這些芭樂歌。快看我臉上的假笑！真是太歡樂了呢！啦啦啦啦啦啦！「Ich hab ne Zwiebel auf dem Kopf, Ich bin ein Döner（我的頭上有顆洋蔥，我是一個沙威瑪）」嘿！

　　不要被騙了，小老外，德國人可享受了，所以你也得好好享受。

我是一個沙威瑪!

50 說再見要拉長尾音

SAY TSSSSSSSSSSSSCHÜÜ-HÜSSSSSSSSS

　　歡樂的時光總是過得特別快，這短短的德國文化揭密也來到了尾聲。小老外，我覺得你好棒，你已經完成了前面四十九個步驟。現在還能叫你老外嗎？不能囉！我覺得不行，你已經不是老外了。

　　我看得出來，你很努力想要融入這個不會特別照顧外國人的國家。你的付出和熱忱相當值得嘉獎。我知道你已經加長了履歷、延長了早餐時間，也搞了更多頭銜。在德國的幫助之下，你已成了道地的德國人。

恭喜！我的小小榮譽德國人。在這感傷的時刻，我要感謝你一路讀到了最後，而最後我要說的只有「Tsssssssssssssschüüüühüssssssssss」（正確拼法：Tschüss）。

除了慕尼黑啤酒節之外，德國一向不怎麼揮霍招搖。德國常被認為是謙遜適度的國家，也是名符其實。這是很好的美德。

我們英國人拿著信用卡跟銀行借錢來花，砸下十幾萬英鎊買下自己要住的小小空間，德國人卻住在租來的房子裡，待在可愛的廚房中。不過有件特別的事會讓所有德國人都放下包袱、變得大膽狂野，那就是當他們在說「tssssssssssssssssssssss ssssssssssssssssssssssssssssssschhhhhhhhhhhhhhüüüüüüühüüssssssssssssssssssssss」（拜拜）的時候。

我不是很確定 tttttttttttttttttttssssssss
sssssssssssssssscccccccccchhhhhhhhhü
üüühüüssssssssssss 的正確拼法到底有幾個
字母，但我很確定玩拼字遊戲時，這個字
填不進格子裡。

説完這個字大約要花五秒鐘，而且説的
時候不可以用你本人的聲音，你得跟更有音
樂天份、音感超準的進階版自我借嗓。

Tsssssssssssssssssssssssssssssssssssssssssssssschhhh hhhhhhhhhhüüüü-hüüssssssssssssssssssssss，榮譽德國人，Tssssssssssssssssssssssssssssssssssssssssssssssschhhhhhh hhhhhhhüüüü-hüüsssssssssssssssssssss！

作者	Adam Fletcher 亞當‧弗萊徹
譯者	高需芬
責任編輯	許瑜珊
封面 / 內頁設計	逗點創制
行銷企劃	辛政遠、楊惠潔
總編輯	姚蜀芸
副社長	黃錫鉉
總經理	吳濱伶
執行長	何飛鵬
出版	創意市集
發行	城邦文化事業股份有限公司 歡迎光臨城邦讀書花園 www.cite.com.tw

How to Be German
~ in 50 Easy Steps ~

德國人
不意外!?

為什麼德國人喜歡裸體、
熱愛買保險、堅持糾正他人？
剖析 50 個日耳曼人不正經的怪癖

香港發行所	城邦（香港）出版集團有限公司 香港灣仔駱克道 193 號東超商業中心 1 樓 電話：(852) 25086231 傳真：(852) 25789337 E-mail：hkcite@biznetvigator.com
馬新發行所	城邦（馬新）出版集團 Cite (M) Sdn Bhd 41, Jalan Radin Anum, Bandar Baru Sri Petaling, 57000 Kuala Lumpur, Malaysia. 電話：(603) 90578822 傳真：(603) 90576622 E-mail：cite@cite.com.my
客戶 服務中心	地址：10483 台北市中山區民生東路二段 141 號 B1 服務電話：（02）2500-7718、（02）2500-7719 服務時間：週一至週五 9：30 ～ 18：00 24 小時傳真專線：（02）2500-1990 ～ 3 E-mail：service@readingclub.com.tw
ISBN	978-957-9199-48-3
版次	2019 年 6 月　初版 1 刷 2023 年 9 月　初版 3 刷
定價	新台幣 320 元
製版 / 印刷	凱林彩印股份有限公司

國家圖書館出版品預行編目 (CIP) 資料

德國人不意外！ 為什麼德國人喜歡裸體、熱愛買保險、堅
持糾正他人？剖析 50 個日耳曼人不正經的怪癖／
亞當‧弗萊徹 (Adam Fletcher) 著；高需芬　譯
創意市集出版：家庭傳媒城邦分公司發行　2019.06
── 初版 ── 臺北市 ── 面；公分
ISBN 978-957-9199-48-3（平裝）
1. 社會生活 2. 文化 3. 德國

743.3　　108004465

WIE MAN DEUTSCHER WIRD IN 50
EINFACHEN by Adam Fletcher
© Verlag C.H.Beck oHG, München 2018
Complex Chinese rights arranged through
The PaiSha Agency

版權聲明‧
本著作未經公司同意，不得以任何方式重
製、轉載、散佈、變更全部或部份內容。
若書籍外觀有破損、缺頁、裝訂錯誤等不
完整現象，想要換書、退書，或您有大量
購書的需求服務，都請與客服中心聯繫。